Título original: *La partie de pêche*

© 2011, Autrement
Todos los derechos reservados
© 2012, de esta edición: Libros del Zorro Rojo / Barcelona – Buenos Aires
www.librosdelzorrorojo.com

ISBN: 978-84-92412-01-3   Depósito legal: B–3066–2012

Primera edición: febrero de 2012

Impreso en Barcelona
por Gráficas'94

Un día de pesca

Béatrice Rodriguez

LIBROS DEL ZORRO ROJO

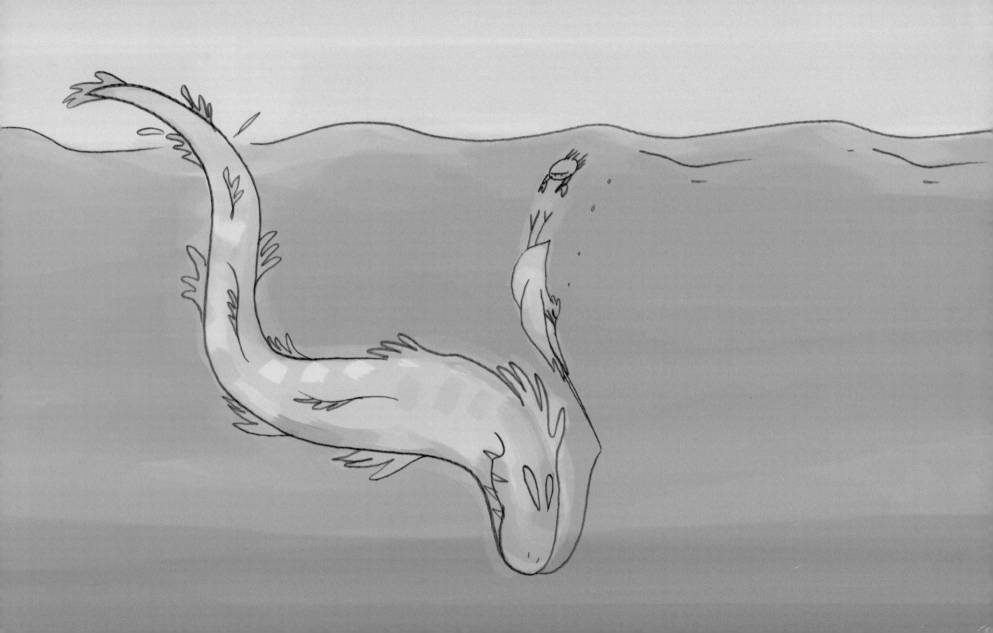